Anregende Protein-Gerichte für Bodybuilder:

Baue Schnell Muskelmasse auf ohne Muskel-Shakes oder Ergänzungsmittel

Von

Joseph Correa

Zertifizierter Sport-Ernährungsberater

COPYRIGHT

© 2016 Correa Media Group

Alle Rechte vorbehalten.

Die Vervielfältigung und Übersetzung von Teilen dieses Werkes, mit Ausnahme zum in Paragraph 107 oder 108 des United States Copyright Gesetzes von 1976 dargelegten Zwecke, ist ohne die Erlaubnis des Copyright-Inhabers gesetzeswidrig.

Diese Veröffentlichung dient dazu fehlerfreie und zuverlässige Informationen zu dem auf dem Cover abgedruckten Thema zu liefern. Es wird mit der Einstellung verkauft, dass weder der Autor noch der Herausgeber befähigt sind, medizinische Ratschläge zu erteilen. Wenn medizinischer Rat oder Beistand notwendig sind, konsultieren Sie einen Arzt. Dieses Buch ist als Ratgeber konzipiert und sollte in keinster Weise zum Nachteil Ihrer Gesundheit gereichen. Konsultieren Sie einen Arzt, bevor Sie mit diesen Meditationsübungen beginnen, um zu gewährleisten, dass sie das Richtige für Sie sind.

DANKSAGUNG

Die Durchführung und der Erfolg dieses Buches wären ohne die Unterstützung meiner Familie nicht möglich gewesen.

Anregende Protein-Gerichte für Bodybuilder:

Baue Schnell Muskelmasse auf ohne Muskel-Shakes oder Ergänzungsmittel

Von

Joseph Correa

Zertifizierter Sport-Ernährungsberater

INHALTSVERZEICHNIS

Copyright

Danksagung

Über den Autor

Einleitung

Anregende Protein-Gerichte für Bodybuilder: Baue Schnell Muskelmasse auf ohne Muskel-Shakes oder Ergänzungsmittel

Andere großartige Werke des Autors

ÜBER DEN AUTOR

Als zertifizierter Sport-Ernährungsberater und Profi-Sportler, glaube ich fest daran, dass die richtige Ernährung dir dazu verhilft, deine Ziele schneller und effektiver zu erreichen. Mein Wissen und meine Erfahrung haben mir über die Jahre geholfen, gesünder zu leben. Diese Erkenntnis habe ich mit meiner Familie und meinen Freunden geteilt. Je mehr du über gesunden Essen und Trinken weißt, desto schneller wirst du deine Lebens- und Essensgewohnheiten ändern wollen.

Erfolgreich darin zu sein, dein Gewicht kontrollieren zu wollen, ist wichtig, da es all deine Lebensbereiche verbessern wird.

Ernährung ist der Schlüssel auf dem Weg zu einer besseren Figur. Darum soll es auch in diesem Buch gehen.

EINLEITUNG

Anregende Protein-Gerichte für Bodybuilder: Baue Schnell Muskelmasse auf ohne Muskel-Shakes oder Ergänzungsmittel

Dieses Buch wird dir dabei helfen, deinen täglichen Protein-Konsum zu steigern und dein Muskelwachstum dadurch anzuregen. Diese Mahlzeiten werden deine Muskeln auf eine organisierte Art und Weise stärken, indem sie deinem Speiseplan eine gesunde Menge an Proteinen zufügen. Zu beschäftigt zu sein, um richtig zu essen, kann manchmal zu einem Problem werden. Darum hilft dir dieses Buch Zeit zu sparen und deinen Körper richtig zu ernähren, damit du die Ziele erreichen kannst, die du erreichen willst. Achte darauf, was du zu dir nimmst, indem du deine Mahlzeiten selbst zubereitest oder sie dir zubereiten lässt.

Dieses Buch wird dir dabei helfen:

-innerhalb kurzer Zeit viel Muskelmasse aufzubauen.

-die Erholungszeiten zu verbessern.

-mehr Energie zu haben.

-deinen Stoffwechsel für ein gesteigertes Muskelwachstum auf natürliche Weise anzuregen.

-dein Verdauungssystem zu verbessern.

Joseph Correa ist ein zertifizierter Sport-Ernährungsberater und Profi-Sportler.

ANREGENDE PROTEIN-GERICHTE FÜR BODYBUILDER

1. Gekochte Eier mit gehacktem Basilikum

Zutaten:

2 Eier

1 TL gehackt Basilikum

Pfeffer

Zubereitung:

Koche die Eier 10 Minuten. Schäle und schneide sie in kleine Stücke. Streue etwas gehackten Basilikum darüber.

Nährwertangaben pro 100 g:

Kohlenhydrate 1,1g

Zucker 0g

Proteine 13g

Fette insgesamt (gute, einfach gesättigte Fettsäuren) 11g

Natrium 124mg

Kalium 126mg

Calcium 50mg

Eisen 1,2mg

Vitamine (Vitamin A; B-6; B-12; C)

Kalorien 155

2. Sirloin-Steak mit Auberginenscheiben

Zutaten:

1 dünnes Sirloin-Steak

1 mittlere Aubergine

1 TL Olivenöl

gehackter Basilikum

Pfeffer

Zubereitung:

Wasche und pfeffere das Fleisch. Grille es in einer Barbecue-Pfanne etwa 10 Minuten auf jeder Seite. Nimm es aus der Pfanne. Schäle die Aubergine und schneide sie in 2 dicke Scheiben. Brate sie einige Minuten in der gleichen Barbecue-Pfanne an. Nimm die Aubergine vom Herd und serviere sie mit dem Rindfleisch. Streue etwas gehackten Basilikum darauf.

Nährwertangabe:

Kohlenhydrate 6g

Zucker 1.2g

Proteine 35,2 g

Fette insgesamt 4,9g

Natrium 57 mg

Kalium 397mg

Calcium 18,5mg

Eisen 1,9mg

Vitamine (Vitamin A; B-6; B-12; C; D; D2; D3; K;Thiamin; K)

Kalorien 212

3. Tomate-Walnuss-Salat

Zutaten:

1 große Tomate

½ Tasse gehackte Walnüsse

1 TL Zitronensaft

Zubereitung:

Wasche und schneide die Tomate in kleine Stücke. Gib die gehackten Walnüsse dazu und mische alles gut. Gieße etwas Zitronensaftdarüber

Nährwertangabe für eine Tasse:

Kohlenhydrate 8,2g

Zucker 3,8g

Proteine 10g

Fette insgesamt 4,5g

Natrium 17 mg

Kalium 112mg

Calcium 16,5mg

Eisen 1,3mg

Vitamine (Vitamin A; B-6; B-12; C; D; D2; D3; K; Riboflavin; Niacin; Thiamin; K)

Kalorien 218

4. Gekochter Mangold mit Olivenöl

Zutaten:

1 Bund Mangold

1 TL Olivenöl

1 TL Kurkuma

Zubereitung:

Wasch und schneide den Mangold. Brate ihn in Olivenöl 20 Minuten bei niedriger Stufe an, bis er weich ist. Gib vor dem Servieren etwas Kurkuma dazu.

Nährwertangabe für 1 Tasse:

Kohlenhydrate 6,9g

Zucker 2,1g

Proteine 8,4 g

Fette insgesamt 1,9g

Natrium 34,2 mg

Kalium 23,2mg

Calcium 12,4mg

Eisen 0,59mg

Vitamine (Vitamin A; B-6; B-12; C; D; D2; D3; K; Riboflavin; Niacin; Thiamin; K)

Kalorien 113

5. Gebratene Pilze mit Rosmarin

Zutaten:

1 Tasse Pilze

1 TL Olivenöl

1 TL gehackter Rosmarin

Zubereitung:

Brate die Pilze 5-7 Minuten in einer Barbecue-Pfanne an. Nimm sie aus der Pfanne und sprenkle etwas Olivenöl und gehackten Rosmarin darauf.

Nährwertangabe für 1 Tasse:

Kohlenhydrate 6,2g

Zucker 1,1g

Proteine 8,4 g

Fette insgesamt (gute, einfach gesättigte Fettsäuren) 1,3g

Natrium 48,2 mg

Kalium 23,2mg

Calcium 12,4mg

Eisen 0,59mg

Vitamine (Vitamin A; B-6; B-12; C; D; D2; D3; K; Riboflavin; Niacin; Thiamin; K)

Kalorien 117

6. Tintenfisch-Salat mit Tomaten und Kapern

Zutaten:

1 Tasse gefrorener Tintenfisch in Scheiben

¼ Tasse Kapern

½ Tasse Oliven

5 Kirschtomaten

1 TL gehackte Petersilie

1 TL gehackte Sellerie

1 kleine Zwiebel

2 Knoblauchzehen

1 TL gehackter Rosmarin

1 EL Olivenöl

1 TL Zitronensaft

Zubereitung:

Koche den Tintenfisch in gesalzenem Wasser, bis er zart ist. Gewöhnlich dauert es etwa 20-30 Minuten. Nimm ihn dann aus dem Kochtopf, wasche ihn und lass ihn abtropfen. Wasche und schneide das Gemüse. Mische es mit dem Tintenfisch. Vermische die Gewürze und gib den Salat dazu. Streu etwas Olivenöl darüber und beträufle alles mit Zitronensaft. Lass den Salat vor dem Servieren gut abtropfen.

Nährwertangabe für 1 Tasse:

Kohlenhydrate 12,9g

Zucker 5,1g

Proteine 16,4 g

Fette insgesamt (gute, einfach gesättigte Fettsäuren) 9,9g

Natrium 114,2 mg

Kalium 83,2mg

Calcium 42,4mg

Eisen 0,59mg

Vitamine (Vitamin A; B-6; B-12; C; D; D2; D3; K; Riboflavin; Niacin; Thiamin; K)

Kalorien 81

7. Gegrillte Zucchini mit Knoblauch und Petersilie

Zutaten:

1 mittlere Zucchini

1 EL gehackte Petersilie

2 Knoblauchzehen

Zubereitung:

Schäle die Zucchini und schneide sie in 4 Scheiben. Brate sie 3-4 Minuten in einer Barbecue-Pfanne. Gib gehackten Knoblauch dazu und brate sie weitere 5 Minuten. Streue vor dem Servieren Petersilie.

Nährwertangabe:

Kohlenhydrate 3,71g

Zucker 3g

Proteine 2 g

Fette insgesamt 0g

Natrium 2,9 mg

Kalium 360mg

Calcium 0,2mg

Eisen 0,3mg

Vitamine (Vitamin A; B-6; B-12; C; D:K)

Kalorien 20

8. Frucht-Gemüse-Shake

Zutaten:

1 Tasse mit Heidelbeeren, Himbeeren, Johannisbeeren und Erdbeeren

½ Tasse gehackter Babyspinat

2 Tassen Wasser

Zubereitung:

Mische die Zutaten einige Minuten in einer Küchenmaschine.

Nährwertangabe für eine Tasse:

Kohlenhydrate 9,2g

Zucker 6,15g

Proteine 8,75g

Fette insgesamt 0,87g

Natrium 54,8mg

Kalium 107,8mg

Calcium 82mg

Eisen 2,03mg

Vitamine (Vitamin C Askorbinsäure; B-6; B-12; Folate-DFE; A-RAE; A-IU; E-alpha-Tocopherol; D; D-D2+D3; K-Phylloquinone; Thianin; Riboflavin; Niacin)

Kalorien 42,6

9. Fischeintopf

Zutaten:

1 Karpfenfilet

1 Karotte

2 Chilischoten

1 mittlere Tomate

Pfeffer

Sellerieknollen und -blätter

Zubereitung:

Am besten kaufst du gekochte Karotten oder aber kochst sie, bevor du den Fischeintopf zubereitest. Wasche und schneide das Gemüse, mische es mit dem Sellerie und dem Fisch und gib alles in einen Kochtopf. Gib etwas Wasser hinein, bis alles bedeck ist. Koche den Fisch auf niedriger Stufe 20-30 Minuten.

Nährwertangabe:

Kohlenhydrate 8,2g

Zucker 3,9g

Proteine 15,2 g

Fette insgesamt (gute, einfach gesättigte Fettsäuren) 6,6g

Natrium 113,8 mg

Kalium 71mg

Calcium 29,1mg

Eisen 0,32mg

Vitamine (Vitamin A; B-6; B-12; C; D; D2; D3; K; Riboflavin; Niacin; Thiamin; K)

Kalorien 172

10. Ananas-Omelette mit Mandeln

Zutaten:

3 Scheiben Ananas

2 Eier

½ Tasse Mandeln

1 EL Leinsamenöl zum Anbraten

Zubereitung:

Schlage die Eier und gib die Mandeln dazu. Brate die Ananasscheiben einige Minuten auf beiden Seiten an, ohne Öl. Wenn sie gar sind, nimm die Scheiben aus der Pfanne, gieße etwas Öl hinein, erhitze die Pfanne wieder und gib die Eier-Mischung dazu. Serviere mit den gebratenen Ananasscheiben.

Nährwertangaben pro 100g:

Kohlenhydrate 8,9g

Zucker 4,6g

Proteine 19,2 g

Fette insgesamt 13,6g

Natrium 134,8 mg

Kalium 131mg

Calcium 67,1mg

Eisen 1,52mg

Vitamine (Vitamin A; B-12; C; K; Riboflavin; Niacin; K)

Kalorien 187

11. Rinder-Kotelett mit Ananas und Kurkuma

Zutaten:

1 mittlere Rinder-Kotelett

1 EL Olivenöl

1 TL Kurkuma

Pfeffer

2 Ananasscheiben

Zubereitung:

Wasche und trockne das Fleisch. Brate es 15-20 Minuten bei niedriger Temperatur ohne Öl an, in seinem eigenen Saft. Nimm es vom Herd. Mach eine Sauce aus Olivenöl, Kurkuma und Pfeffer und verteile sie über das gebratene Rindfleisch. Brate es anschließend weitere 3-4 Minuten, gib die Ananasscheiben dazu und serviere die Koteletts warm.

Nährwertangaben pro 100g:

Kohlenhydrate 15,7g

Zucker 9,9g

Proteine 34g

Fette insgesamt (gute, einfach gesättigte Fettsäuren) 17,6g

Natrium 99,3 mg

Kalium 328mg

Calcium 49,1mg

Eisen 0,52mg

Vitamine (Vitamin A; B-6; B-12; C; D; D2; D3; K; Riboflavin; Niacin; Thiamin; K)

Kalorien 311

12. Obstsalat

Zutaten:

1 Tasse Beeren

½ Tasse Ananaswürfel

½ Tasse gehackter Apfel

1 TL Zimt

1 TL Agavensirup

Zubereitung:

Vermenge die Früchte, gib Agavensirup dazu und streue Zimt darauf.

Nährwertangabe für 1 Tasse:

Kohlenhydrate 19,2g

Zucker 12g

Proteine 15,2 g

Fette insgesamt (gute, einfach gesättigte Fettsäuren) 4,6g

Natrium 123,8 mg

Kalium 95mg

Calcium 44,1mg

Eisen 0,52mg

Vitamine (Vitamin A; B-6; B-12; C; D; D2; D3; K; Riboflavin; Niacin; Thiamin; K)

Kalorien 77

13. Thunfisch-Salat mit Kopfsalat und Curry

Zutaten:

1 kleine Dose Thunfisch ohne Öl

1 Bund Kopfsalat

2 Chilischoten

1 TL Curry

1 TL Zitronensauce

Zubereitung:

Wasche und schneide den Kopfsalat. Vermenge ihn mit Thunfisch, gib die gehackte Chilischoten und die Zitronensauce dazu. Streu etwas Curry darauf.

Nährwertangabe für eine Tasse:

Kohlenhydrate 23,4g

Zucker 13g

Proteine 33,2g

Fette insgesamt (gute, einfach gesättigte Fettsäuren) 12,4g

Natrium 123mg

Kalium 72,3mg

Calcium 42,1mg

Eisen 0,27mg

Vitamine (Vitamin A; B-6; B-12; C; D; D2; D3; K; Riboflavin; Niacin; Thiamin; K)

Kalorien 68

14. Putenschlegel mit Muskat und Johannisbrot

Zutaten:

1 Putenschlegel

½ Tasse Wasser

½ Tasse Muskat

½ Tasse Johannisbrot

Zubereitung:

Wasche und säubere das Fleisch. Brate es etwa 15 Minuten in seinem eigenen Saft an (füge etwas Wasser dazu, während du die Pute brätst). Reibe den Muskat und das Johannisbrot ganz fein und füge in die Pfanne. Hebe alles unter die Putensauce. Nimm sie vom Herd und streue etwas mehr Johannisbrot darüber.

Nährwertangabe für 1 Tasse:

Kohlenhydrate 3,2g

Zucker 0,9g

Proteine 31g

Fette insgesamt (gute, einfach gesättigte Fettsäuren) 10,4g

Natrium 998mg

Kalium 78,2mg

Calcium 48mg

Eisen 0,37mg

Vitamine (Vitamin A; B-6; B-12; C; D; D2; D3; K; Riboflavin; Niacin; Thiamin; K)

Kalorien 210

15. Gegrillte Auberginenscheiben mit gehackter Fenchel

Zutaten:

1 große Aubergine

½ Tasse gehackter Fenchel

1 EL Olivenöl

1 TL gehackte Petersilie

Zubereitung:

Schäle die Aubergine und schneide sie in 3 Scheiben. Brate sie in einer Barbecue-Pfanne ohne Öl. Wenn sie gar ist, streiche Olivenöl darüber, gib etwas Fenchel und Petersilie darauf.

(Diese Auberginenscheiben schmecken auch sehr gut kalt, du kannst sie also ohne Probleme über Nacht im Kühlschrank aufzubewahren)

Nährwertangaben pro Scheibe:

Kohlenhydrate 8,9g

Zucker 3g

Proteine 7g

Fette insgesamt (gute, einfach gesättigte Fettsäuren) 2,4g

Natrium 54mg

Kalium 32,5mg

Calcium 12,4mg

Eisen 0,37mg

Vitamine (Vitamin A; B-6; B-12; C; D; D2; D3; K; Riboflavin; Niacin; Thiamin; K)

Kalorien 54

16. Spinat-Omelette

Zutaten:

1 Tasse gehackt Spinat

2 Eier

1 EL Olivenöl zum Anbraten

Zubereitung:

Koche den Spinat in gesalzenem Wasser, bis er zart ist. Nimm ihn aus der Pfanne und trockne ihn ab. Brate ihn 5-6 Minuten in Olivenöl und füge die Eier dazu. Rühre gut um und serviere die Omelettes warm.

Nährwertangaben pro 100g:

Kohlenhydrate 1,9g

Zucker 0,6g

Proteine 19,2 g

Fette insgesamt 13,6g

Natrium 144mg

Kalium 133mg

Calcium 71mg

Eisen 1,8mg

Vitamine (Vitamin A; B-12; C; K; Riboflavin; Niacin; K)

Kalorien 177

17. Auberginen-Kasserolle

Zutaten:

2 große Auberginen

1 Tasse Hackfleisch

1 mittlere Zwiebel

1 TL Olivenöl

Pfeffer

2 mittlere Tomaten

1 TL gehackte Petersilie

Zubereitung:

Schäle die Auberginen und schneide sie längs in Scheiben. Leg sie in eine Schüssel und lass sie darin mindestens eine Stunde ruhen. Wälze sie in den geschlagenen Eiern und brate sie dann in heißem Öl. Schneide die Zwiebel, brate sie an, gib Pfeffer und Tomate dazu, welche du in Würfel schneidest. Hacke die Petersilie fein. Brate sie einige Minuten und füge dann das Fleisch hinzu. Sobald das Fleisch zart ist, drehe die Hitze ab, lass es abkühlen, gib 1 Ei dazu und würze mit Pfeffer. Gib die gebratene Aubergine und das Fleisch mit dem Gemüse in eine

Backofen geeignete Form und verarbeite alles in verschiedenen Belägen. Backe die Kasserolle 30 Minuten bei 180°C.

Nährwertangaben pro 100g:

Kohlenhydrate 7,9g

Zucker 3,4g

Proteine 10,2 g

Fette insgesamt 13,6g

Natrium 164mg

Kalium 302mg

Calcium 21,1mg

Eisen 1,32mg

Vitamine (Vitamin A; B-12; C; K; Riboflavin; Niacin; K)

Kalorien 109

18. Lauch mit Hühnerwürfel

Zutaten:

2 Tassen geschnittener Lauch

1 Tasse Hühnerfilet, in Würfel geschnitten

Olivenöl

Thymianblätter zum Garnieren

Salz zum Abschmecken

Zubereitung:

Schneide den Lauch in kleine Stücke und wasche ihn einen Tag vor dem Servieren unter kaltem Wasser. Leg ihn über Nacht in eine Plastiktüte.

Erhitze das Öl in einer großen Pfanne. Gib Hühnerwürfel dazu und brate sie 15 Minuten bei mittlerer Temperatur. Rühre alles gut um und brate es weitere 10 Minuten bei niedriger Temperatur. Nimm alles aus dem Kochtopf und lass es abkühlen. Garniere mit Thymianblätter.

Nährwertangabe für eine Tasse:

Kohlenhydrate 7g

Zucker 1,6g

Proteine 18,1 g

Fette insgesamt 13,6g

Natrium 124,1 mg

Kalium 120mg

Calcium 69,3mg

Eisen 1,42mg

Vitamine (Vitamin A; B-6; B-12; C; D; D2; D3; K; Riboflavin; Niacin; Thiamin; K)

Kalorien 187

19. Gebratene Pilze mit Gemüse

Zutaten:

2 Tassen Champignons

1 Tasse getrocknete Putenwürfel

2 große Karotten

½ Tasse gehackter Weißkohl

1 TL Ingwer

1 EL Olivenöl

1 TL gehackte Petersilie

Zubereitung:

Koche das Gemüse in Wasser, bis es weich ist. Nimm es aus der Pfanne und trockne es. Lass es einige Minuten abkühlen. Vermische Olivenöl, Ingwer und Petersilie, gib etwas Wasser dazu und koche alles einige Minuten bei mittlerer Hitze. Verteile die Sauce über das Gemüse, gib die getrocknete Pute dazu und verrühre alles gut. Lass alles vor dem Servieren etwa 30 Minuten im Kühlschrank abkühlen.

Nährwertangabe für eine Tasse:

Kohlenhydrate 18,6g

Zucker 11,3g

Proteine 21,9g

Fette insgesamt 14,2g

Natrium 153,3 mg

Kalium 89,8mg

Calcium 49,9mg

Eisen 0,42mg

Vitamine (Vitamin A; B-6; B-12; C; D; D2; D3; K; Riboflavin; Niacin; Thiamin; K)

Kalorien 79

20. Chicken Wings mit Kurkumasauce

Zutaten:

2 Chicken Wings

1 TL Kurkuma

1 EL Olivenöl

½ TL getrockneter Rosmarin

¼ TL rote Paprika

Zubereitung:

Brate die Chicken Wings 10-15 Minuten in einer Barbecue-Pfanne. 3-4 Minuten bevor das Hühnchen gut ist, gib Olivenöl, Kurkuma, Rosmarin, Pfeffer und etwas Wasser dazu. Mische die Sauce gut und tunke das Hühnchen darin.

Nährwertangaben pro 100g:

Kohlenhydrate 18,6g

Zucker 0,9g

Proteine 28g

Fette insgesamt 22,7g

Natrium 431,3 mg

Kalium 189mg

Calcium 2,9mg

Eisen 2,42mg

Vitamine (Vitamin A; B-6; B-12; C; D; D2; D3; K; Riboflavin; Niacin; Thiamin; K)

Kalorien 318

21. Tomaten-Thunfisch-Salat

Zutaten:

2 große Tomaten

2 mittlere Zwiebeln

3 Dosen Thunfisch

1 EL Olivenöl

1 TL Zitronensaft

Basilikum

Salz zum Abschmecken

Zubereitung:

Wasche und schäle das Gemüse. Schneide es in kleine Würfel. Gib Olivenöl, Zitronensaft und Basilikum dazu. Rühre alles gut um.

Nährwertangabe für 1 Tasse:

Kohlenhydrate 17,9g

Zucker 9,1g

Proteine 28,3 g

Fette insgesamt (gute, einfach gesättigte Fettsäuren) 15,8g

Natrium 127mg

Kalium 89,6mg

Calcium 42,1mg

Eisen 0,38mg

Vitamine (Vitamin A; B-6; B-12; C; D; D2; D3; K; Riboflavin; Niacin; Thiamin; K)

Kalorien 99

22. Kalbssteak mit roter Paprikasauce

Zutaten:

1 mittleres Kalbssteak

1 große rote Paprika

1 TL roter Pfeffer

1 EL Olivenöl

gehackter Rosmarin

Zubereitung:

Wasche die Paprika und schneide sie in kleine Stücke. Gib sie in eine große Pfanne, füge Olivenöl und Rosmarin dazu. Lass es 15 Minuten bei niedriger Hitze schmoren. Gib die rote Paprika dazu und koche alles einige Minuten. Wasche und trockne das Steak. Brate es in einer Barbecue-Pfanne, bis es zart ist. Verteile Sauce darauf und nimm es aus der Pfanne.

Nährwertangaben pro 100g:

Kohlenhydrate 4,5g

Zucker 2,1g

Proteine 26 g

Fette insgesamt 9,8g

Natrium 87 mg

Kalium 339mg

Calcium 2,1mg

Eisen 0,16mg

Vitamine (Vitamin A; B-6; B-12; C; D; D2; D3; K)

Kalorien 203

23. Pilz-Omelette

Zutaten:

1 Tasse Pilze

2 Eier

1 EL Olivenöl

Zubereitung:

Brate die Pilze bei niedriger Temperatur in Olivenöl. Lass die Pilzsauce verdampfen. Gib Eier dazu und mische alles gut.

Nährwertangaben pro 100 g:

Kohlenhydrate 4,1g

Zucker 0g

Proteine 18g

Fette insgesamt (gute, einfach gesättigte Fettsäuren) 11g

Natrium 126mg

Kalium 124mg

Calcium 14,9mg

Eisen 1,8mg

Vitamine (Vitamin A; B-6; B-12; C)

Kalorien 174

24. Putenfilet mit Walnüssen und Ahornsirup

Zutaten:

3 Putenfilets

½ Tasse Walnüsse

1 TL Ahornsirup

¼ Tasse Wasser

1 EL Olivenöl

Salz zum Abschmecken

Zubereitung:

Brate die Filets in einer Barbecue-Pfanne bei niedriger Temperatur etwa 15 Minuten, bis sie zart sind. Nimm sie vom Herd und gib Wasser, Ahornsirup und Walnüsse darauf. Rühre alles gut um und brate sie weitere 5-6 Minuten, bis das Wasser verdampft. Lass es einige Zeit abkühlen.

Nährwertangaben pro 100 g:

Kohlenhydrate 10,1g

Zucker 7,3g

Anregende Protein-Gerichte für Bodybuilder

Proteine 24,2g

Fette insgesamt 8,7g

Natrium 1025mg

Kalium 126mg

Calcium 50mg

Eisen 1,2mg

Vitamine (Vitamin A; B-6; C)

Kalorien 148

25. Geröstete Kirschtomaten mit Auberginen-Basilikum-Salat

Zutaten:

1 kleine Aubergine

5 Eiweiß

1 Tasse Kirschtomaten

1 TL frisch gehackter Basilikum

1 EL Olivenöl

weißer Pfeffer zum Abschmecken

1 TL Zitronensaft

Zubereitung:

Schneide die Aubergine in dicke Stücke (etwa Würfel groß). Salze die Auberginen-Würfel, gib Öl und Eiweiß darauf und leg sie auf eine Backform. Falls notwendig, verteile noch mehr Olivenöl darauf (das ist optional). Backe die Auberginen etwa 10 Minuten im vorgeheizten Backofen bei 180°C. Wasche die Kirschtomaten und brate sie etwa 15 Minuten bei niedriger Temperatur an. Verwende dazu eine kleine Pfanne. Es soll eine leicht karamellisierte

Tomatensauce entstehen. Drehe die Hitze ab und lass die Sauce einige Zeit abkühlen. Rühre unter die Zitronensauce das Olivenöl und den frischen Basilikum. Gieße alles über die Aubergine und serviere sie kalt. Das ist eine gute Beilage für Barbecue oder gegrilltem Fisch. Im Kühlschrank kannst du die Aubergine bis zu einer Woche aufheben.

Nährwertangaben pro Scheibe:

Kohlenhydrate 10,4g

Zucker 3g

Proteine 19g

Fette insgesamt (gute, einfach gesättigte Fettsäuren) 4,9g

Natrium 52mg

Kalium 38,3mg

Calcium 12,9mg

Eisen 0,32mg

Vitamine (Vitamin A; B-6; B-12; C; D; D2; D3; K; Riboflavin; Niacin; Thiamin; K)

Kalorien 87

26. Muskat-Omelette

Zutaten:

3 Eier

2 EL Olivenöl

1 TL Muskat

1/5 TL Pfeffer

Zubereitung:

Schlage die Eier und gib den Muskat und Pfeffer dazu. Rühre alles gut um und brate es in Olivenöl einige Minuten an. Serviere die Omelette warm. Wenn du möchtest, kannst du zusätzlich noch mit Salz würzen.

Nährwertangaben pro 100g:

Kohlenhydrate 0,9g

Zucker 0,45g

Proteine 12g

Fette insgesamt 12,4g

Natrium 156mg

Kalium 117,5mg

Calcium 4,4mg

Eisen 7,37mg

Vitamine (Vitamin A; B-6; D; D2; D3)

Kalorien 156

27. Garnelen in Tomatensauce

Zutaten:

2 Tassen gefrorene Garnelen

1 große Tomate

1 TL getrockneter Basilikum

2 Knoblauchzehen

3 EL Olivenöl

Salz zum Abschmecken

Zubereitung:

Brate die gefrorenen Garnelen ohne Öl in einer Barbecue-Pfanne. Wasche und schneide die Tomate in kleine Stücke, gib den gehackten Basilikum, den gehackten Knoblauch und Olivenöl dazu. Koche alles 5-6 Minuten (gib bei Bedarf etwas Wasser zu). Gieße die Sauce über die gebratenen Garnelen. Serviere mit Kopfsalat.

Nährwertangaben pro 100g:

Kohlenhydrate 7,9g

Zucker 4,2g

Proteine 28g

Fette insgesamt (gute, einfach gesättigte Fettsäuren) 1,32g

Natrium 131mg

Kalium 269.5mg

Calcium 8,7mg

Eisen 4,37mg

Vitamine (Vitamin A; B-6; B-12; C; D; D2; D3; K; Riboflavin; Niacin; Thiamin; K)

Kalorien 164

28. Kopfsalat

Zutaten:

1 Bund Kopfsalat

1 EL Olivenöl

1 TL Zitronensaft

Zubereitung:

Wasch und schneide den Kopfsalat, verteile Olivenöl und Zitronensaft darauf. Am besten bereitest du diesen Salat erst kurz vor dem Servieren des Hauptgerichtes zu. Lass ihn nicht zu lange stehen.

Nährwertangaben pro Tasse:

Kohlenhydrate 1,2g

Zucker 0,3g

Proteine 1,7g

Fette insgesamt (gute, einfach gesättigte Fettsäuren) 1,4g

Natrium 19mg

Kalium 132mg

Calcium 1,4mg

Eisen 2,3mg

Vitamine (Vitamin A; B-6; B-12; C;K)

Kalorien 25

29. Koriander-Salat

Zutaten:

1 Tasse gehackter Koriander

1 gekochtes Ei

2 Tassen Kirschtomaten

1 TL Kurkuma

2 EL Olivenöl

1 TL Zitronensauce

Salz zum Abschmecken

Zubereitung:

Wasche und schneide die Kirschtomaten und vermische sie mit dem Koriander. Gib Kurkuma, Olivenöl und Zitronensauce dazu.

Nährwertangabe für 1 Tasse:

Kohlenhydrate 14,2g

Zucker 8,9g

Proteine 10g

Fette insgesamt (gute, einfach gesättigte Fettsäuren) 9,6g

Natrium 122,2 mg

Kalium 81mg

Calcium 45,5mg

Eisen 0,37mg

Vitamine (Vitamin A; B-6; B-12; C; D; D2; D3; K; Riboflavin; Niacin; Thiamin; K)

Kalorien 55

30. Gebackene Eier mit gehackter Minze

Zutaten:

3 Eier

1 EL Olivenöl

1 EL gehackte Minze

1 Tasse Kirschtomaten

1 kleine Zwiebel

Pfeffer zum Abschmecken

Salz zum Abschmecken

Zubereitung:

Schneide das Gemüse in kleine Stücke und brate es bei niedriger Temperatur etwa 15 Minuten in einer großen Pfanne an. Warte, bis das Wasser verdampft ist. Schlage die Eier und gib die gehackte Minze dazu. Hebe das Gemüse unter, träufle Olivenöl darauf und brate alles einige Minuten. Würze vor dem Servieren mit etwas Salz und Pfeffer.

Nährwertangaben pro 100 g:

Kohlenhydrate 8,1g

Zucker 4g

Proteine 28g

Fette insgesamt (gute, einfach gesättigte Fettsäuren) 11,9g

Natrium 176mg

Kalium 174mg

Calcium 17,9mg

Eisen 1,5mg

Vitamine (Vitamin A; B-6; B-12; C; D; D2; D3; K; Riboflavin; Niacin; Thiamin; K)

Kalorien 194

31. Kalbskotelett mit gehackten Nelken

Zutaten:

2 große Kalbskoteletts

1 Tasse gehackte Nelken

4 EL Olivenöl

1 EL getrocknete Petersilie

1 TL Rosmarin

1 TL rote Paprika

1 EL Zitronensaft

Zubereitung:

Mische die Nelken, das Olivenöl, Petersilie und Rosmarin um eine leckere Sauce zu erhalten. Wasche das Steak und leg es in eine kleine Auflaufform. Verteile die Sauce darüber und backe es 15-20 Minuten bei 170°C. Nimm das Fleisch aus dem Ofen, streue Pfeffer darüber und träufle Zitronensaft darauf. Dekoriere die Form mit einigen Petersilienblättern. Lass es etwa 10 Minuten abkühlen.

Nährwertangaben pro 100g:

Kohlenhydrate 8.2g

Zucker 4,9g

Proteine 22g

Fette insgesamt 9,6g

Natrium 97,2 mg

Kalium 381mg

Calcium 4.5mg

Eisen 5,3mg

Vitamine (Vitamin A; B-6; B-12; C; D; D2; D3; K; Riboflavin; Niacin; Thiamin; K)

Kalorien 216

32. Tomatensuppe

Zutaten:

1 Tasse Tomatensauce

2 Eiweiß

2 Tassen Wasser

2 Knoblauchzehen

2 EL Olivenöl

1TL getrockneter Majoran

gehackte Petersilie

Zubereitung:

Brate den gehackten Knoblauch in Öl. Rühre die Tomatensauce unter das Wasser. Füge die Petersilie dazu und lass sie aufkochen. Serviere alles mit Majoran.

Nährwertangaben pro 150 ml:

Kohlenhydrate 6,8g

Zucker 3,9g

Proteine 7g

Fette insgesamt (gute, einfach gesättigte Fettsäuren) 0,.6g

Natrium 190,2 mg

Kalium 112mg

Calcium 0,5mg

Eisen 2,3mg

Vitamine (Vitamin A; C)

Kalorien 30

33. Gegrillte Zucchini mit gehacktem Basilikum und Minze

Zutaten:

1 große Zucchini

¼ Tasse gehackten Basilikums

¼ Tasse gehackte Minze

1 EL Olivenöl

¼ Glas Wasser

Pfeffer zum Abschmecken

Zubereitung:

Koche die Gewürze 2-3 Minuten in Wasser und gib Pfeffer dazu. Schäle und schneide die Zucchini in drei Scheiben. Grille sie in einer Barbecue-Pfanne mit Olivenöl. Gib Minze und Basilikum dazu. Brate das Gemüse, bis das Wasser verdampft ist. Du kannst noch etwas mehr Zitronensaft vor dem Servieren darauf träufeln, aber das ist optional.

Nährwertangabe für eine Scheibe:

Kohlenhydrate 3,8g

Zucker 2g

Proteine 2,9 g

Fette insgesamt 0,9g

Natrium 2,76 mg

Kalium 343mg

Calcium 0,27mg

Eisen 0,3mg

Vitamine (Vitamin A; B-6; B-12; C; D:K)

Kalorien 23

34. Kalbsfleischsuppe mit Gemüse

Zutaten:

1 dickes Kalbssteak

2 große Karotten

½ Tasse gehackte Petersilie

1 große Tomate

¼ TL Pfeffer

1 kleine Zwiebel

Zubereitung:

Wasche das Fleisch und gib es in eine Schüssel. Schütte Wasser darauf und koche das Fleisch, bis es zart ist. Putze und schneide in der Zwischenzeit das Gemüse in kleine Würfel. Sobald das Fleisch gekocht ist, nimm es aus der Pfanne und schneide es in kleine Würfel. Vermische es mit dem Gemüse, gib es zurück ins Wasser und koche es, bis die Karotten zart sind. Würze und serviere.

Nährwertangaben pro Tasse:

Kohlenhydrate 3g

Zucker 2,1g

Proteine 22 g

Fette insgesamt 5,7g

Natrium 71 mg

Kalium 148mg

Calcium 2,2mg

Eisen 4,3mg

Vitamine (Vitamin A; B-6; B-12; C; D; D2; D3; K; Riboflavin; Niacin; Thiamin; K)

Kalorien 112

35. Lammkotelett mit Haselnusssauce

Zutaten:

1 mittlere Lammkotelett

½ Tasse Haselnuss

1 TL Curry

1 EL Olivenöl

Pfeffer zum Abschmecken

Zubereitung:

Wasche das Kotelett und koche es 15-20 Minuten Wasser. Nimm es aus dem Topf und trockne es, aber schütte das Wasser nicht weg. Bereite eine Sauce aus Olivenöl, Curry, Haselnuss und Pfeffer zu. Verteile die Sauce über das Kotelett, gib etwas Fleischwasser dazu und backe es bei 180°C 15-20 Minuten.

Nährwertangaben pro 100g:

Kohlenhydrate 4,7g

Zucker 4,1g

Proteine 29 g

Fette insgesamt 11,8g

Natrium 137 mg

Kalium 239mg

Calcium 2,9mg

Eisen 2,16mg

Vitamine (Vitamin A; B-6; B-12; C; D; D2; D3; K; Riboflavin; Niacin; Thiamin; K)

Kalorien 213

36. Gegrillte rote Paprika

Zutaten:

1 große rote Paprika

1 EL Olivenöl

2 Knoblauchzehen

gehackte Petersilie

Zubereitung:

Mische das Olivenöl mit Knoblauch und Petersilie. Verteile die Sauce über die Paprika und backe sie etwa 10-15 Minuten in einer Barbecue-Pfanne bei niedriger Temperatur.

Nährwertangaben pro 100g:

Kohlenhydrate 6,2g

Zucker 4,4g

Proteine 2g

Fette insgesamt 0,8g

Natrium 7 mg

Kalium 215mg

Calcium 2,8mg

Eisen 2,6mg

Vitamine (Vitamin A; B-6; B-12; C; D; Riboflavin; Niacin; Thiamin; K)

Kalorien 38

37. Auberginen-Pâté

Zutaten:

1 große Aubergine

6 Eiweiß

1 TL Senf

1 TL fettfreie Mayonnaise

2 Knoblauchzehen

1 TL Petersilie

¼ Tasse Wasser

1 TL Olivenöl

Zubereitung:

Bemerkung: Das Verhältnis aus Aubergine und Wasser ist abhängig von der Art der Aubergine und den unterschiedlichen Weisen dieses Pâté zuzubereiten. Aubergine, die im Ofen gebacken wird, wird sehr trocken sein, aber sie schmeckt weitaus besser und ist zudem nicht so bitter. Aubergine, die in einer Mikrowelle „gekocht" wird, ist leichter, saftiger und etwas bitterer, aber sehr schnell zubereitet.

Schäle die Aubergine, schneide sie in Würfel und koche sie in der Mikrowelle etwa 5 Minuten in einem zugedeckten, feuerfesten Topf. Oder backe sie traditionell im Backofen: schäle sie und lass das Wasser abtropfen. Gib Wasser dazu und püriere die Aubergine mit einem Rührstab.

Mische die Mayonnaise mit Eiweiß und Olivenöl. Füge die Aubergine dazu und rühre alles zusammen.

Hacke den Knoblauch fein und gib Senf dazu. So erhältst du nahezu einen großen Becher voll Pâté. Dieser eignet sich hervorragend als Aufstrich oder passt als Beilage perfekt zu Hühnchen oder Pute.

Nährwertangaben pro 100g:

Kohlenhydrate 12,9g

Zucker 6g

Proteine 17g

Fette insgesamt 3,4g

Natrium 154mg

Kalium 132,5mg

Calcium 10,4mg

Eisen 3,37mg

Vitamine (Vitamin A; B-6; B-12; C; D; D2; D3; K; Riboflavin; Niacin; Thiamin; K)

Kalorien 71

38. Gekochtes Rindfleisch und Weißkohl

Zutaten:

1 großes Rindersteak

1 Tasse gehackte Weißkohl, gekocht

¼ TL Pfeffer

2 EL Olivenöl

½ Tasse Wasser

Zubereitung:

Schneide das Fleisch in kleine Stücke. Gib es in einen kleinen Topf und koche es bei niedriger Temperatur in Olivenöl, bis es zart ist. Gib etwas Wasser dazu, wenn notwendig. Wenn das Fleisch zart ist, füge Weißkohl und Pfeffer dazu. Schmore es mindestens 40 Minuten bei niedriger Temperatur.

Nährwertangaben pro 100g:

Kohlenhydrate 8,1g

Zucker 3,2g

Proteine 36,1 g

Fette insgesamt 6,9g

Natrium 157 mg

Kalium 499mg

Calcium 19,9mg

Eisen 5,9mg

Vitamine (Vitamin A; B-6; B-12; C; D; D2; D3; K;Thiamin; K)

Kalorien 234

39. Broccoli Suppe

Zutaten:

1 Tasse Broccoli

1 kleine Karotte

1 kleine Zwiebel

etwas Salz

Pfeffer zum Abschmecken

1 EL Kokosöl

Zubereitung:

Wasche die Zwiebel und Karotten, aber schneide sie nicht klein. Gib sie zusammen mit dem Broccoli in gesalzenes Wasser und koche es. Wenn das Gemüse gar ist, gib alles in eine Küchenmaschine. Erhitze das verbleibende Gemüsewasser, bis es kocht und rühre etwas Öl darunter. Koche es, bis das Wasser eindickt, füge das Gemüse dazu und koche es weitere 5-7 Minuten. Serviere das Gemüse warm.

Nährwertangabe für eine Tasse:

Kohlenhydrate 15g

Zucker 5,2g

Proteine 7,2 g

Fette insgesamt 4,1g

Natrium 887 mg

Kalium 376mg

Calcium 25,5mg

Eisen 1,2mg

Vitamine (Vitamin A;C)

Kalorien 120

40. Kopfsalat und Thunfisch-Salat

Zutaten:

1 Bund Kopfsalat

3 Dosen Thunfisch ohne Öl

1 EL Zitronensaft

2 große Zwiebeln

2 große Tomaten

5 Oliven

Zubereitung:

Wasche und schneide den Kopfsalat. Mische ihn mit dem Thunfisch. Schäle und schneide die Zwiebel, schneide die Tomate, rühre sie unter den Thunfisch und Kopfsalat. Gib Zitronensaft und Oliven dazu.

Nährwertangabe für eine Tasse:

Kohlenhydrate 19,4g

Zucker 12g

Proteine 31,2g

Fette insgesamt (gute, einfach gesättigte Fettsäuren) 11,5g

Natrium 141mg

Kalium 86,1mg

Calcium 43,2mg

Eisen 0,31mg

Vitamine (Vitamin A; B-6; B-12; C; D; D2; D3; K; Riboflavin; Niacin; Thiamin; K)

Kalorien 71

41. Gegrilltes Forellenfilet mit Petersilie

Zutaten:

3 dicke Forellenfilets

1 EL Petersilie

3 EL Olivenöl

6 Knoblauchzehen

Zubereitung:

Mische den gehackten Knoblauch mit Petersilie und Olivenöl. Verteile alles über den Fisch und brate ihn etwa 15-20 Minuten auf beiden Seiten in einer Barbecue-Pfanne an. Nimm den Fisch aus der Pfanne und verwende ein Küchenpapier um das austretende Öl aufzufangen.

Nährwertangaben pro 100g:

Kohlenhydrate 0,2g

Zucker 0

Proteine 25,2 g

Fette insgesamt 6,6g

Natrium 113,8 mg

Kalium 61mg

Calcium 29mg

Eisen 0,33mg

Vitamine (Vitamin A; B-6; B-12; C; D; D2; D3; K; Riboflavin; Niacin; Thiamin; K)

Kalorien 170

42. Blumenkohlsuppe

Zutaten:

1 Tasse Blumenkohl

1 kleine Karotte

1 kleine Zwiebel

Etwas Pfeffer

1 EL Öl

Zubereitung:

Wasche die Zwiebel und Karotten, aber schneide sie nicht klein. Mische sie unter den Blumenkohl ins Wasser und koche alles. Wenn das Gemüse gar ist, gib alles in eine Küchenmaschine. Bringe das verbleibende Gemüsewasser zum Kochen und rühre etwas Öl unter. Koche alles, bis die Mischung eindickt, gib das Gemüse dazu und koche alles weitere 5-7 Minuten. Serviere warm.

Nährwertangabe für eine Tasse:

Kohlenhydrate 13g

Zucker 4,2g

Proteine 6,2 g

Fette insgesamt 4,4g

Natrium 862 mg

Kalium 366mg

Calcium 24,1mg

Eisen 2mg

Vitamine (Vitamin A;C)

Kalorien 118

43. Tomate-Omelette

Zutaten:

3 Eier

1 große Tomate

1 kleine Zwiebel

1 TL Olivenöl

Salz zum Abschmecken

Zubereitung:

Wasche und schneide die Tomate. Schäle und schneide die Zwiebel. Brate beides in Olivenöl etwa 10-15 Minuten bei niedriger Temperatur an. Nimm den Topf vom Herd, sobald das Wasser verdampft ist. Gib Eier dazu und rühre gut um. Brate das Ganze weitere 2 Minuten.

Nährwertangaben pro 100 g:

Kohlenhydrate 6,1g

Zucker 2g

Proteine 20g

Fette insgesamt (gute, einfach gesättigte Fettsäuren) 12g

Natrium 176mg

Kalium 173mg

Calcium 15,9mg

Eisen 1,9mg

Vitamine (Vitamin A; B-6; B-12; C)

Kalorien 184

44. Gegrilltes Lachsfilet

Zutaten:

1 großes Lachsfilet

1 EL Zitronensaft

2 EL Olivenöl

1 EL gemahlener Chili

Zubereitung:

Wasche das Filet und trockne es mit einem Küchenpapier. Träufle etwas Zitronensaft darüber und brate es in einer kleinen Barbecue-Pfanne etwa 15-20 Minuten auf hoher Stufe an. Nimm das Filet aus der Pfanne und sauge das austretende Öl mit einem Küchenpapier auf. Würze vor dem Servieren mit Chili.

Nährwertangaben pro 100 g:

Kohlenhydrate 2,9

Zucker 0,8g

Proteine 24g

Fette insgesamt (gute, einfach gesättigte Fettsäuren) 14,6g

Natrium 63mg

Kalium 374mg

Calcium 0,9mg

Eisen 1,8mg

Vitamine (Vitamin A; B-6; B-12; C)

Kalorien 220

45. Gemischter Gemüse-Salat

Zutaten:

1 Bund Kopfsalat

1 kleine Karotte

1 mittlere Tomate

1 mittlere Zwiebel

1 kleine Gurke

1 mittlere Aubergine

1 mittlere Zucchini

1 EL Olivenöl

1 TL Zitronensaft

Zubereitung:

Schäle und schneide die Aubergine und die Zucchini. Brate sie 8-10 Minuten in Olivenöl. Nimm sie aus der Pfanne und sauge das austretende Öl mit einem Küchenpapier auf. Wasche und schneide in der Zwischenzeit das Gemüse in kleine Stücke. Mische die Aubergine und Zucchini mit dem anderen Gemüse und würze mit Olivenöl und Zitronensaft.

Nährwertangabe für 1 Tasse:

Kohlenhydrate 12,3g

Zucker 8,9g

Proteine 11,2 g

Fette insgesamt (gute, einfach gesättigte Fettsäuren) 6,5g

Natrium 176,3 mg

Kalium 95mg

Calcium 63,5mg

Eisen 0,74mg

Vitamine (Vitamin A; B-6; B-12; C; D; D2; D3; K; Riboflavin; Niacin; Thiamin; K)

Kalorien 51

46. Gegrillte Calamaris in Curry Sauce

Zutaten:

1 Tasse gefrorene Calamarisringe

¼ Tasse Wasser

1 TL Curry

2 EL Olivenöl

2 Knoblauchzehen

1 TL gehackte Petersilie

Zubereitung:

Bereite eine Sauce aus Wasser, Knoblauch, Petersilie, Curry und Olivenöl zu. Brate die Calamarisringe 7-10 Minuten auf mittlerer Stufe in einer Barbecue-Pfanne ohne Öl so lange an, bis sie eine goldene Farbe annehmen. Verteile die Sauce darüber und brate die Ringe weitere Minuten an. Wenn die Sauce zu dick wird, gib noch etwas Wasser dazu.

Nährwertangaben pro 100g:

Kohlenhydrate 0,2g

Zucker 0g

Proteine 19,8 g

Fette insgesamt (gute, einfach gesättigte Fettsäuren) 2,8g

Natrium 96,3 mg

Kalium 0,3mg

Calcium 1,5mg

Eisen 0,7mg

Vitamine (Vitamin A; BD; D2; K)

Kalorien 92

47. Gegrillte Sardinen

Zutaten:

1 kleine Packung gefrorene Sardinen (200g

4 Knoblauchzehen

4 EL Olivenöl

3 TL Kurkuma

½ TL Salz

Zubereitung:

Taue die Sardinen auf und wasche sie. Bereite aus Knoblauch, Olivenöl und Kurkuma eine Knoblauchsauce zu. Verteile sie über die Sardinen und brate sie in einer Barbecue-Pfanne ohne Öl etwa 20 Minuten bei mittlerer Temperatur an, bis sie eine goldbraune Farbe einnehmen. Schmecke mit etwas Salz ab.

Nährwertangaben pro 100g:

Kohlenhydrate 0,2g

Zucker 0g

Proteine 19 g

Fette insgesamt (gute, einfach gesättigte Fettsäuren) 6g

Natrium 225,3 mg

Kalium 3mg

Calcium 3,5mg

Eisen 3,2mg

Vitamine (Vitamin A; B-6; D; D2; D3; K; Riboflavin; Niacin; Thiamin; K)

Kalorien 130

48. Bananen-Shake

Zutaten:

1 große Banane

2 Eiweiß

1,5 Tassen Wasser

1 TL Vanilleextrakt

1 EL Agavensirup

Zubereitung:

Schäle und schneide die Banane in kleine Würfel. Vermenge sie mit den anderen Zutaten in einer Küchenmaschine und mische sie 30 Sekunden, bis eine cremige Masse entsteht. Bewahre sie im Kühlschrank auf und serviere den Shake kalt.

Nährwertangabe für 1 Glas:

Kohlenhydrate 8g

Zucker 4,9g

Proteine 10,2g

Fette insgesamt 2,67g

Natrium 74mg

Kalium 512,9mg

Calcium 79mg

Eisen 1,88mg

Vitamine (Vitamin B-6; B-12; D; D-D2+D3)

Kalorien 56

49. Gegrillte, grüne Paprika

Zutaten:

2 grüne Paprika

1 EL Olivenöl

2 Knoblauchzehen

gehackt Petersilie

Zubereitung:

Mische das Olivenöl mit Knoblauch und Petersilie. Verteile die Sauce über die Paprika und brate sie in einer Barbecue-Pfanne bei niedriger Temperatur etwa 10-15 Minuten an. Rühre gelegentlich um.

Nährwertangaben pro 100g:

Kohlenhydrate 5g

Zucker 2,2g

Proteine 1,8 g

Fette insgesamt 0,4g

Natrium 4,3 mg

Kalium 191mg

Calcium 2.5mg

Eisen 1,8mg

Vitamine (Vitamin A; B-6; B-12; C; D; D2; D3; K; Riboflavin; Niacin; Thiamin; K)

Kalorien 27

50. Meeresfrüchte-Salat

Zutaten:

1 kleine Packung gefrorene Meeresfrüchte (200g)

3 EL Olivenöl

1 mittlere Zwiebel

¼ TL Salz

¼ Tasse Wasser (optional)

Zubereitung

Brate die Meeresfrüchte ohne Öl an, bis sie zart sind (teste dies am Tintenfisch, der die längste Garzeit besitzt). Wenn notwendig, füge noch etwas Wasser bei. Nimm die Meeresfrüchte aus der Bratpfanne und lass sie etwa eine Stunde abkühlen. Schäle und hacke die Zwiebel. Hebe sie unter die Meeresfrüchte und gib Olivenöl zu. Dieser Salat schmeckt am besten kalt. Bewahre ihn vor dem Servieren einige Stunden im Kühlschrank auf.

Nährwertangaben pro Tasse:

Kohlenhydrate 3,45g

Zucker 1,68g

Proteine 25,8 g

Fette insgesamt 16,4g

Natrium 827mg

Kalium 453mg

Calcium 13,5mg

Eisen 10mg

Vitamine (Vitamin C; B-6; B-12; A-RAE; A-IU; E; D; D-D2+D3; K; Thianin; Riboflavin; Niacin)

Kalorien 280

51. Gegrillte Zucchini mit Knoblauch

Zutaten:

1 große Zucchini

4 Knoblauchzehen

1 EL Olivenöl

¼ TL Salz

Zubereitung:

Schäle und schneide die Zucchini in dicke Scheiben. Hacke den Knoblauch und brate ihn einige Minuten in Olivenöl an, bis er braun wird. Gib die Zucchini dazu und brate alles weitere 10 Minuten bei niedriger Flamme. Streue vor dem Servieren etwas gehackte Petersilie darüber. Schmecke mit Salz ab.

Nährwertangabe für eine Scheibe:

Kohlenhydrate 3,6g

Zucker 1,9g

Proteine 2,9 g

Fette insgesamt 0,9g

Natrium 2,21 mg

Kalium 354mg

Calcium 0,12mg

Eisen 0,2mg

Vitamine (Vitamin A; B-6; B-12; C; D:K)

Kalorien 25

52. Gebackte Äpfel

Zutaten:

2 große Äpfel

1 TL Zimt

Zubereitung:

Backe die Äpfel bei 180°C 15 Minuten an. Bestreue sie vor dem Servieren mit Zimt.

Nährwertangaben pro 100g:

Kohlenhydrate 14,8g

Zucker 10g

Proteine 0,4 g

Fette insgesamt 0,3g

Natrium 1,7mg

Kalium 108mg

Calcium 0mg

Eisen 0mg

Vitamine (Vitamin A; C)

Anregende Protein-Gerichte für Bodybuilder

Kalorien 53

53. Gegrilltes Steak mit Ananasscheiben

Zutaten:

1 großes Steak

7 Ananasscheiben

1 TL Ingwer

etwas Wasser

Pfeffer zum Abschmecken

Zubereitung:

Brate die Ananasscheiben 5-10 Minuten an, gib nach und nach etwas Wasser zu. Nimm die Ananasscheiben aus der Bratpfanne und brate das Steak 15-20 Minuten in der gleichen Pfanne. Du kannst etwas Wasser zugeben, während du das Steak brätst. Serviere es mit Ananasscheiben und streue Ingwer darauf. Schmecke mit Pfeffer ab.

Nährwertangaben pro 100g:

Kohlenhydrate 3,8g

Zucker 2,1g

Proteine 32,9 g

Fette insgesamt 4,9g

Natrium 64 mg

Kalium 413mg

Calcium 0mg

Eisen 17,8mg

Vitamine (Vitamin A; B-6; B-12; C; D)

Kalorien 182

54. Gekochter Blumenkohl in Minzsauce

Zutaten:

1 mittlerer Blumenkohl

1 EL gehackte Minzblätter

1 TL Ingwer

1 EL Agavensirup

Zubereitung:

Putze und schneide den Blumenkohl in mittlere Würfel. Koche ihn in Wasser, bis er zart ist. Nimm ihn aus dem Topf und trockne ihn gut ab. Bereite in der Zwischenzeit eine Sauce aus Agavensirup, Ingwer und Minze zu, indem du alle Zutaten in einer kleinen Schüssel vermengst. Gieße sie über den Blumenkohl und lass sie vor dem Servieren etwas abkühlen.

Nährwertangaben pro 100g:

Kohlenhydrate 6,8g

Zucker 2,8g

Proteine 1,9 g

Fette insgesamt 0,4g

Natrium 31 mg

Kalium 301mg

Calcium 2,7mg

Eisen 2,3mg

Vitamine (Vitamin C; K)

Kalorien 29

55. Pilzsuppe

Zutaten:

1 Tasse frische Champignons

1 kleine Karotte

1 kleine Zwiebel

¼ TL Pfeffer

1 EL Öl

Zubereitung:

Wasche die Zwiebel und die Karotten, aber schneide sie nicht klein. Überführe beide in einen großen Topf, gib Wasser dazu, bis das Gemüse vollständig damit bedeckt ist, und koche es, bis es zart ist. Sobald das Gemüse gar ist, vermische es mit den Pilzen und gib alles in eine Küchenmaschine. Bringe das verbleibende Gemüsewasser zum Kochen und verrühre es mit etwas Öl. Koche alles, bis die Mischung dich wird, gib Gemüse dazu und koche alles weitere 5-7 Minuten. Du kannst die Suppe mit etwas Petersilie dekorieren.

Nährwertangabe für eine Tasse:

Kohlenhydrate 3,3g

Zucker 0,2g

Proteine 1,9 g

Fette insgesamt 2,6g

Natrium 340 mg

Kalium 31mg

Calcium 0mg

Eisen 0mg

Vitamine (Vitamin D;K)

Kalorien 41

56. Forellenfilet mit Mandel-Kurkuma-Sauce

Zutaten:

1 dünne Scheibe Forellenfilet

1 TL Kurkuma

1 EL Olivenöl

½ Tasse Mandeln

1 TL getrockneter Rosmarin

¼ TL Pfeffer

Zubereitung:

Wasche und trockne das Filet. Streu etwas Kurkuma darüber und brate das Filet auf jeder Seite einige Minuten in heißem Öl. Nimm es anschließend aus der Pfanne. Bereite aus Mandeln, Olivenöl, Rosmarin und Pfeffer eine Sauce zu. Verteile die Sauce über das Filet und brate es weitere Minuten an, bis es eine gold-braune Farbe annimmt.

Nährwertangaben pro 100g:

Kohlenhydrate 3,7g

Zucker 0,2g

Proteine 25g

Fette insgesamt 8,6g

Natrium 62 mg

Kalium 263mg

Calcium 10mg

Eisen 2,5mg

Vitamine (Vitamin A; B-6; B-12; C; D:K)

Kalorien 173

57. Forellensuppe

Zutaten:

1 große Forelle

2 kleine Karotten

1 EL Olivenöl

1 TL getrocknete Petersilie

Dill zum Abschmecken

Zubereitung:

Wasche und säubere den Fisch (entferne alle Gräten). Koche den Fisch etwa 20 Minuten in einem großen Topf. Nachdem der Fisch gar ist, gib etwas Olivenöl dazu (nur zum Bedecken des Bodens). Brate die gehackten Karotten einige Minuten darin und gib Wasser, Petersilie und Dill zu. Koche das Ganze weitere 15 Minuten. Nach etwa 15 Minuten gib den Fisch dazu (ganz oder schneide ihn in lange Streifen). Verteile 1 TL Olivenöl auf jeden Teller und gieße die Suppe darauf.

Nährwertangaben pro Tasse:

Kohlenhydrate 3,4g

Zucker 0,9g

Proteine 5,9 g

Fette insgesamt 2g

Natrium 365 mg

Kalium 123mg

Calcium 2,3mg

Eisen 2,3mg

Vitamine (Vitamin A; B-6; B-12; C)

Kalorien 46

58. Gurkensalat

Zutaten:

3 große Gurkes

6 EL geriebene Walnüsse

3 EL Sesamöl

Zubereitung:

Schäle und schneide die Gurken in dünne Scheiben. Würze mit Sesamöl und streue geriebene Walnüsse darüber.

Nährwertangaben pro 100g:

Kohlenhydrate 6,8g

Zucker 2,7g

Proteine 5,9 g

Fette insgesamt 4,9g

Natrium 5,76 mg

Kalium 213mg

Calcium 5,27mg

Eisen 2,1mg

Vitamine (Vitamin A; B-6; B-12; C; D:K)

Kalorien 34

59. Gegrillte Pilze mit Knoblauchsauce

Zutaten:

3 Tassen frische Champignons

6 Knoblauchzehen

3 EL Olivenöl

¼ TL Pfeffer

Zubereitung:

Brate die Pilze ohne Öl bei niedriger Temperatur in einer Barbecue-Pfanne, bis das Wasser verdampft ist. Hacke in der Zwischenzeit Knoblauch, gib ihn in die Bratpfanne und vermische ihn mit den Pilzen. Brate ihn einige Minuten an. Beträufle die Pilze vor dem Servieren mit Olivenöl. Gib etwas Pfeffer zum Abschmecken dazu. Serviere die Pilze warm.

Nährwertangabe für 1 Tasse:

Kohlenhydrate 5,2g

Zucker 1,3g

Proteine 8,2 g

Fette insgesamt (gute, einfach gesättigte Fettsäuren) 2,3g

Natrium 47,3 mg

Kalium 25,1mg

Calcium 13,1mg

Eisen 0,61mg

Vitamine (Vitamin A; B-6; B-12; C; D; D2; D3; K; Riboflavin; Niacin; Thiamin; K)

Kalorien 98

60. Apfel und Karotte mit Zimt

Zutaten:

5 große Äpfel

3 große Karotten

6 TL Zimt

6 TL Agavensirup

3 TL Zitronensaft

Zubereitung:

Schäle und reibe die Äpfel und Karotten. Vermenge alles mit den anderen Zutaten in einer Küchenmaschine, um eine cremige Mischung zu erhalten. Forme kleine Kugeln und lass sie einige Stunden im Kühlschrank abkühlen.

Du kannst geriebene Walnüsse oder Mandeln dem Gericht beifügen. Aber nur, wenn du magst. Dies wird die Menge an Proteinen steigern.

Nährwertangaben pro 100g:

Kohlenhydrate 17,2g

Zucker 15,3g

Proteine 9,1 g

Fette insgesamt (gute, einfach gesättigte Fettsäuren) 2,3g

Natrium 147,4 mg

Kalium 625mg

Calcium 13,1mg

Eisen 11,61mg

Vitamine (Vitamin A; B-6; B-12; C; D; D2; D3; K; Riboflavin; Niacin; Thiamin; K)

Kalorien 78

ANDERE GROßARTIGE WERKE DES AUTORS

www.ingramcontent.com/pod-product-compliance
Lightning Source LLC
Chambersburg PA
CBHW071738080526
44588CB00013B/2076